公式

レ シ ピ

GOHOUBI GOHAN
OFFICIAL RECIPE
BOOK

ごほうびごはん

「ごほうびごはん」って？

文房具メーカーで働く主人公・池田咲子と
その家族、会社の仲間たちが、頑張る自分を
ねぎらう「ごほうびごはん」を作り、
おいしくいただく日々をつづる
アットホームなグルメ漫画。

本書の使い方

PART 1 咲子のごほうびごはん

〈おかず編〉

池田咲子
IKEDA SAKIKO

長野出身、文房具
メーカーに勤めるOL。
からあげとおいしい
ごはんが大好き！

おばあちゃん
GRANDMOTHER

咲子のおばあちゃん。
料理上手で、
池田家の台所の主。

桃子
MOMOKO

咲子の妹。
洋風の料理が好き。
主に食べる担当。

滝さん
TAKI

咲子の後輩。
包丁を使わない
お手軽料理を
極め中。

青柳主任
AOYAGI

咲子の先輩。
お酒好きでお酒に
合うおつまみを
作るのが趣味。

丸藤さん MARUFUJI
咲子の会社の営業部に所属。ときどき家族に料理をふるまう。

本田くん HONDA
咲子の同僚。揚げ物やジャンクな食べ物が大好物。

小湊かえで
KOMINATO KAEDE

咲子の同僚。
パン好きで、
よくパン仲間と買い物に
行っている。

小湊太陽
KOMINATO TAIYO

かえでの兄。
妹への愛情が深く、
手料理をふるまう
こともしばしば。

森ヶ崎部長
MORIGASAKI

咲子の上司。
大の甘党で日々
おいしいスイーツを
探し求めている。

レシピに必要な
材料と分量です。
このレシピで作れる目安の
量も載せているので、
参考にしてください。

このレシピが
登場する
原作コミックスの
巻数と話数を
記載しています。

調理の
ポイントとなる工程は
写真を掲載しています。
調理の際に参考に
してください。

写真は
PART2や一部の
大皿料理を除いて、
基本的に1人分の
盛りつけです。

本書のレシピについて

材料の表記は大さじ1=15ml（15cc）、小さじ1=5ml（5cc）、1カップ＝200ml（200cc）です。

電子レンジは600Wを使用しています。500Wの場合は、1.2倍を目安に様子を見ながら加熱してください。

レシピには目安となる分量や調理時間を表記していますが、様子を見ながら加減してください。

飾りで使用した材料は明記していないものがあります。お好みで追加してください。

野菜類は特に指定のない場合は、洗う、皮をむくなどの下準備をすませてからの手順を記載しています。

火加減は特に指定のない場合は、中火で調理しています。

PART

1

咲子の

ごほうび

ごはん

何度でも食べたい定番おかずから、
週末のごほうびごはん、
簡単ごはんもの＆麺まで。
毎日が楽しくなるようなレシピを集めました。
咲子と一緒にチャレンジ！

からあげ

おかず
編

材料　　　　　　　　8個分

鶏もも肉 … 1枚（300g）

A | にんにくチューブ、しょうがチューブ
　　… 各4cm分
　| しょうゆ … 小さじ2
　| 砂糖 … 小さじ1
　| 塩、こしょう … 各少々

溶き卵 … 1/2個分

B | 片栗粉 … 大さじ3
　| 小麦粉 … 大さじ2

揚げ油 … 適量

池田家直伝！
手間はかかるけど
一番おいしい

作り方

1 鶏肉は皮目からフォークで数ヶ所さし、皮を下にして8個に切る。

2 ポリ袋にAを入れて混ぜ合わせる。鶏肉を加えて揉み込み、冷蔵庫で30分ほどおく。衣をつける前に水大さじ2（分量外）を入れて揉む。

3 ②を溶き卵にくぐらせ、混ぜ合わせたBを全体にまぶしてざるで余分な粉を落とす。

4 180℃に熱した油に大きいものから4個ずつ入れ、1分30秒ほど揚げる。小さめのものからとり出して4分ほどおく。

5 再び180℃の油で40秒ほど揚げ、きつね色になったらとり出す。残りの4個も同様に揚げる。

衣がもったりしないようにしっかり落とす

アスパラの
青椒肉絲
チンジャオロース

GOHOUBI GOHAN
11巻
#238

アスパラガス … 3本
たけのこ（水煮）… 100g
牛バラ肉（焼き肉用）… 100g

A｜ごま油 … 大さじ1/2
　　にんにくチューブ、しょうがチューブ
　　　… 各2cm分

片栗粉（または小麦粉）… 大さじ1/2

B｜オイスターソース、紹興酒（または料理酒）
　　　… 各大さじ1
　　顆粒鶏ガラスープの素 … 大さじ1/2
　　しょうゆ … 小さじ1/2

作り方

① アスパラガスは根元の皮を薄くむき、斜め薄切りする。たけのこと牛肉は細切りにする。

② 火のついていないフライパンに牛肉を入れてAをからめ、片栗粉をまぶす。

③ 粉っぽさがなくなり全体がしっとりしてきたら火にかけ、肉をほぐしながら炒める。

④ 火が通ったらアスパラガスとたけのこを加え、色が鮮やかになるまで軽く炒める。

⑤ Bを加えて炒め合わせる。

紹興酒を使うと酸味とコクが出て本格派に

アスパラガスのシャキシャキ食感が◎

ひと口かじると
ほろほろとろける
幸せの味

豚角煮

GOHOUBI GOHAN **4巻** #76

材料　　　　　　　4人分

豚バラブロック肉 … 500 〜 600g
大根 … 1/3本
しょうが … 適量
長ねぎ（青い部分） … 1本分
A｜水 … 400mℓ
　｜しょうゆ、砂糖、酒 … 各大さじ5
ゆで卵 … 4個
小ねぎ（小口切り） … 2〜3本

❹のあと
一度火を止めて
冷ますとさらに
味がしみしみに！

作り方

① 豚肉は6cm角に切る。大根は竹串が通る
　くらいまで下ゆでする。しょうがは薄切り
　にする。

② 鍋にたっぷりの湯をわかし、豚肉、長ねぎ、
　しょうが5枚を入れる。煮立ったらアクを
　とり、ゆで汁が足りなくなったら湯を足し
　ながら30分ほど煮る。

③ 豚肉をとり出し、水にさらして脂とアクを
　洗い流し、キッチンペーパーで水気をふく。
　ゆで汁は2カップ分とっておく。

④ 大きめの鍋に③の豚肉としょうが3〜4
　枚、③のゆで汁、Aを入れて強火にかける。
　煮立ったら弱火にし、ゆで卵と大根を加え、
　落としぶたをして1時間ほど煮る。

⑤ 落としぶたをとって中火にし、煮汁がとろり
　とするまで煮つめて火を止める。器に盛り、
　小ねぎをちらす。

\しょうがとねぎで/
臭みを消す

彩り夏野菜の
ラタトゥイユ

GOHOUBI GOHAN
13巻
#277

ズッキーニ … 1本
なす、玉ねぎ、パプリカ（黄）… 各1個
にんじん … 1/2本
オリーブオイル … 大さじ3
にんにくチューブ … 3〜4cm分

A ｜ トマト缶（カット）… 1缶（400g）
　｜ 白ワイン … 大さじ2
　｜ 顆粒コンソメスープの素 … 小さじ2
　｜ 砂糖、しょうゆ … 各小さじ1
　｜ 塩 … 小さじ1/2

ローリエ … 1枚

作り方

1 野菜は食べやすい大きさに切る。

2 フライパンにオリーブオイルをひいてにんにくを入れ、弱火にかける。香りが立ったらにんじん、玉ねぎ、ズッキーニ、なす、パプリカの順に入れ、弱めの中火で炒める。

3 全体がしんなりしたら弱火にしてAを加え、半分に折ったローリエを加えて混ぜる。

4 ふたをしてときどき混ぜながら20〜30分弱火で煮る。粗熱がとれたら冷蔵庫に入れる。

フランスパンにのせて
オリーブオイルと
パセリをかけても！

野菜の甘みがギュッ！
冷やしても温めても
おいしい

ゆずポン酢香る
牛のたたき

GOHOUBI GOHAN
13巻
#273

夏の暑さを
吹き飛ばす
さっぱり和風味

材料　　3〜4人分

牛ももブロック肉 … 300g
塩 … 小さじ1/2
こしょう … 適量
サラダ油 … 適量
ゆずポン酢 … 適量
みょうが、大葉（各千切り）、
　かいわれ大根 … 各適量

作り方

1. 牛肉は常温に戻し、塩、こしょうをしっかり
   ふって手ですり込む。

2. フライパンに油をひいて熱し、牛肉を入れ
   て各面1分ずつ強めの中火で焼き色をつ
   ける。殺菌のため小さい面も残さず焼く。

3. 粗熱がとれたらポリ袋に入れる。牛肉が
   つかるくらいのゆずポン酢を注ぎ、冷蔵庫
   で1〜3時間おく。

4. 食べるときに薄く切り、薬味を添えて漬け
   汁を回しかける。

3種の薬味と
牛肉の相性が
最高！

3

半熟煮卵

黄身まで味が
しみ込んだ
ごほうびおつまみ

GOHOUBI GOHAN
1巻
#2

材料 6個分

卵…6個

お手軽コース

A | めんつゆ（2〜3倍濃縮）…150㎖
　| 水…150㎖

本格コース

B | だし汁…150㎖
　| 酒、しょうゆ、みりん
　| 　…各大さじ2と1/2
　| 砂糖（またははちみつ、
　| 　好みで）…小さじ1

2〜3日おくと
味がしっかりしみて
さらにおいしく
なる！

作り方

① 鍋に湯をわかし、冷蔵庫から出したての卵を入れ、ときどきかき混ぜながら中火で6分ほどゆでる。

② 冷水で冷やしてしばらくおき、粗熱がとれたら殻をむく。

お手軽コース

③ 保存容器にAを入れて混ぜ、②の卵を漬けて冷蔵庫でしばらくおく。

本格コース

③ Bの材料を鍋でひと煮立ちさせ、粗熱がとれたら保存容器に入れて②の卵を漬け、冷蔵庫でしばらくおく。

こってり甘辛だれでごはんがすすむ

ブリの照り焼き

材料　1人分

ブリ（切り身）… 1切れ

塩 … 適量

A｜しょうゆ、みりん、砂糖、酒 … 各大さじ1

ねぎのマリネ の作り方

材料　1人分

長ねぎ … 1本

A｜ポン酢 … 大さじ2
　　オリーブオイル、
　　レモン汁
　　… 各大さじ1

1　長ねぎは切って、魚焼きグリルで両面に焼き色がつくまで焼く。

2　温かいうちによく混ぜたAに漬け、冷蔵庫に入れる。

作り方

1　ブリは塩をまぶして10分ほどおき、キッチンペーパーで水気をふく。Aは混ぜておく。

2　熱したフライパンにサラダ油（分量外）をひき、ブリを入れて1〜2分焼く。

3　焼き色がついたら返し、反対側も焼く。Aを加え、汁気がなくなるまで弱火で煮つめる。

たれをかけ全体にからめて照りを出す

食べる音も楽しい！
お店みたいな
サク＆パリ食感

羽根つきぎょうざ

GOHOUBI GOHAN
6巻 #110

材料　　　　　　　　20個分

キャベツ … 2〜3枚

ニラ … 1/2束

A｜豚ひき肉 … 150g
　｜卵 … 1個
　｜顆粒鶏ガラスープの素、ごま油、
　｜　しょうゆ … 各小さじ1
　｜塩 … 小さじ1/3
　｜にんにくチューブ … 3〜4cm分

ぎょうざの皮（大判） … 20枚

B｜水 … 100ml
　｜小麦粉 … 小さじ2

ごま油 … 大さじ1

お酒にも合う
しっかりめの
味つけ！

作り方

1. キャベツとニラはみじん切りにして軽く塩（分量外）をふり、しんなりするまでおく。

2. ボウルにAを入れてよく混ぜ、水気をしぼった❶を加えてさらに混ぜる。20等分にしてぎょうざの皮で包む。

3. フライパンにサラダ油（分量外）をひいて中火で1分ほど熱する。一度火を弱めてぎょうざを並べ、再び中火にして2分ほど焼く。

4. よく混ぜたBを流し入れ、ふたをして中火で4分ほど蒸し焼きにする。

5. ふたをとって水気をとばし、ごま油を鍋肌から円を2周描くようにして回し入れる。

6. フライパンをふり、菜箸でぎょうざをはがす。焦げないようにフライパンを回して仕上げの焼き色をつける。

7. 皿をかぶせ、手を添えてゆっくり返して皿にとり出す。

山椒の香りが
食欲をそそる

たっぷり山椒の麻婆豆腐

GOHOUBI GOHAN
9巻 #191

材料 　　　　　2人分

豆腐（絹ごし）… 1丁
長ねぎ… 1/2本
にんにく… 1かけ

A｜水… 150ml
　｜みそだれ… 大さじ2
　｜しょうゆ、酒… 各大さじ1
　｜顆粒鶏ガラスープの素、砂糖
　｜　…各小さじ1

ごま油… 適量
豆板醤… 大さじ1
豚ひき肉… 100g
こしょう… 少々
片栗粉… 大さじ1と1/2
粉山椒… 適量

みそだれの作り方

材料 　　　　作りやすい分量

A｜赤みそ、砂糖… 各大さじ3
　｜みりん、酒… 各大さじ1
　｜顆粒和風だしの素… 小さじ1/5
水… 大さじ3
白いりごま… 小さじ1

1 小鍋にAを入れて
よく混ぜる。水を加えて
さらに混ぜ、中火にかける。

2 煮立ったら弱火にし、焦げつかないように鍋
底を混ぜながら4〜5分煮て白ごまを加える。

作り方

1 豆腐は2枚重ねたキッチンペーパーで包み、ペーパーが重なる面を下にして皿にのせ、電子レンジで2〜3分加熱する。そのまましばらくおいて水きりし、さいの目切りにする。

2 長ねぎとにんにくはみじん切りにする。Aはよく混ぜ合わせておく。

3 フライパンにごま油をひいて弱火にかけ、長ねぎとにんにくを入れて炒める。香りが立ったら豆板醤を加えて炒める。

4 ひき肉を加えて炒め、火を止めてAを一度に加え、こしょうをふる。再び火をつけて中火にし、少し煮つめる。

5 豆腐を加えて強火にし、鍋をゆする。再び火を止め、倍量の水（分量外）で溶いた片栗粉を少しずつ加えて混ぜる。強火にかけて水分をとばし、とろみがつくまで熱する。仕上げに山椒をたっぷりかける。

オイスターソースで
簡単に本格派の味に！

材料	2人分

大根…1本
鶏手羽先…4〜5本

おでんつゆ

A｜水…2L
　｜オイスターソース…大さじ1
　｜塩…大さじ1/2
　｜顆粒和風だしの素…小さじ2

>≡∈ 作り方 ∋≡<

①　大根は8等分にし、皮を厚くむいて面取り
　　をし、十字に切り込みを入れる。

②　鍋に米のとぎ汁を加えた水を入れて湯を
　　わかし、大根を加えて竹串がすんなり通る
　　までゆでる。水にさらしてにおいをとる。

③　鍋に湯をわかし、手羽先を入れて表面が
　　白くなるまでさっと湯通しする。

④　鍋にAを入れて煮立て、大根と手羽先を加
　　え、煮立たせないようにしながら火が通る
　　まで煮る。

鍋で煮込んだあと、
新聞紙とバスタオルで
くるんでひと晩おくと
しみしみに!

軽くすすいで
においをとる

根菜ゴロゴロ
一杯で
栄養満点！

具だくさん豚汁

GOHOUBI GOHAN
6巻
#124

材料　　大きめの器5杯分

ごぼう … 4本
こんにゃく … 1/2枚
にんじん … 1/2本
長ねぎ … 1/2本
大根 … 5cm
さつまいも … 中1/2本
しめじ … 1/2パック
ごま油 … 大さじ3
A｜にんにくチューブ、しょうがチューブ
　｜…各4cm分
豚こま切れ肉 … 200g
顆粒和風だしの素 … 小さじ2
水 … 適量
みそ … 大さじ1〜2

> カレールーと
> 冷凍うどんを加えて、
> カレーうどんに
> アレンジしても

作り方

1. ごぼうはくしゃくしゃにしたアルミホイルでこすって汚れをとり、斜め薄切りにする。こんにゃくは小さめのひと口大にちぎり、沸騰した湯で2〜3分ゆででアクを抜く。

2. にんじんは5mm厚さの半月切り、長ねぎは5mm厚さの小口切り、大根は5mm厚さのいちょう切り、さつまいもは皮つきのまま1cm厚さの半月切りにする。しめじは小房に分ける。

3. 鍋にごま油大さじ2を熱し、ごぼうを入れてじっくり炒め、一度皿にとり出す。

4. 3の鍋にごま油大さじ1とAを入れて炒め、豚肉を加えてしっかり炒める。

5. こんにゃくとすべての野菜を加え、顆粒だしをふりかけて炒め、ひたひたになるくらいの水を加える。

6. 沸騰したらアクをとって弱火〜中火で野菜がやわらかくなるまで煮る。一度火を止めてみそを溶き入れ、味をととのえる。

にんにくの香りが
食欲をそそる
パワーおかず

スタミナ納豆

GOHOUBI GOHAN
11巻
#233

材料 　　　　1人分

ごま油…適量
にんにく、しょうが（各みじん切り）
　…各1/2かけ分
鶏ひき肉…50g
酒…小さじ1/2
ひきわり納豆…1パック

A｜しょうゆ…小さじ1/2
　｜砂糖…ひとつまみ
　｜タバスコ…少々
　｜小ねぎ（小口切り）…少々

作り方

1　フライパンにごま油を熱し、にんにくとしょうがを入れて香りが出るまで炒める。

2　ひき肉を加えて火が通るまで炒める。酒を加えてさっと炒め、ボウルにとり出して冷ます。

3　納豆を入れ、Aを加えてよく混ぜる。

タバスコの
代わりに
食べるラー油を
入れても

さつまいもの レンジ甘煮

レモンバターと
さつまいもの
やさしい甘さが
相性抜群！

GOHOUBI GOHAN
12巻
#264

材料　　4人分

さつまいも … 2〜3本
みりん … 大さじ3
バター … 大さじ1
レモン汁 … 大さじ1/2

熱が通り
やすいように、
細長いさつまいもが
おすすめ

作り方

1. さつまいもは水でよく洗い、皮つきのまま5mm厚さの輪切りにして5〜10分水にさらす。

2. 水気をきって耐熱皿にのせ、みりんをかけてあえる。ふんわりとラップをして電子レンジで3分加熱する。

3. 一度とり出して混ぜ、再びラップをして電子レンジで3分加熱する。バター、レモン汁を加えて混ぜる。

フライパンで作る
厚切りローストビーフ

ジューシーなお肉で
心と体に
パワーチャージ

材料　　　　　　約2人分

牛ブロック肉（サーロイン、リブロース、
　　ももランプなど）… 300g
サラダ油 … 適量
水 … 大さじ 2
焼き肉のたれ … 大さじ 3

トングを使うと
かたまり肉も
ラクラクひっくり
返せる！

下準備

牛肉は常温に戻しておく。夏なら30分、
冬は1時間ほど前に冷蔵庫から出しておく。

作り方

1　熱したフライパンにサラダ油をひき、強火
　で牛肉を焼く。上下は1分ずつ、側面は
　30秒ほど焼く。

2　弱火にして水を加え、ふたをして7〜8分、
　竹串をさして冷たくなくなるまで蒸し焼きに
　する。

3　ふたをとり、キッチンペーパーで余分な水
　気をふきとる。焼き肉のたれをかけ、弱火
　〜中火で肉を転がしながら香ばしい香り
　がするまで焼く。

4　アルミホイルに包んで10分以上おく。食
　べるときは肉を切り分け、❸のたれをかけ
　る。

味がなじんで
おいしくなり、肉汁が
出るのを防ぐ

4

心まで温まるほかほかシチュー

クリームシチュー &ニョッキ

GOHOUBI GOHAN
8巻
#169

材料　4〜5人分

鶏もも肉 … 1枚 (250g)
じゃがいも … 1個
玉ねぎ … 1個
にんじん … 1/2本
サラダ油 … 大さじ1
水 … 600㎖
クリームシチュールー … 4〜5皿分
牛乳 … 200㎖

作り方

1. 鶏肉は小さめのひと口大に切る。じゃがいもはひと口大、玉ねぎはくし形切り、にんじんは小さめの乱切りにする。

2. 鍋にサラダ油をひいて熱し、じゃがいも、玉ねぎ、にんじんを入れて炒める。全体に油がまわったら鶏肉と水を加え、煮立ったらアクをとり除く。

3. 具材が煮えたら一度火を止め、ルーを加えてよく混ぜて溶かす。再び弱火にかけてとろみがつくまで煮る。牛乳を加えてさらに5分ほど煮る。

ニョッキ の作り方

材料　1人分

じゃがいも … 1個
小麦粉 … 大さじ4
塩 … 小さじ1/2
サラダ油 … 適量

1. じゃがいもは皮のままよく洗ってラップをし、電子レンジで5分加熱する。手で皮をむいてボウルに入れ、フォークで細かくつぶす。

2. 小麦粉と塩を加えてよくこねる。ぼそぼそしていたら水を少々加える。

3. 棒状に伸ばし、1cm幅に切って丸め、シチューがからまりやすいようにフォークでくぼみをつける。

4. 鍋に湯をわかしてサラダ油を入れる。3を入れてゆで、浮いてきたら溶けないようにすぐに皿にとり出す。

牛ステーキ

GOHOUBI GOHAN 5巻 #107

材料　1人分

牛ステーキ用肉 … 1枚
塩、こしょう … 各適量
サラダ油 … 適量
ワイン（赤または白）… 大さじ2

下準備

牛肉は30分以上前に冷蔵庫から出して常温に戻す。

作り方

1. 牛肉はキッチンペーパーで両面を軽くおさえて水気をふき、塩、こしょうをふる。
2. フライパンにサラダ油をひいて強火でカンカンになり煙が出るまで熱する。肉を入れて1分30秒ほど焼く。
3. 肉汁が出てきたら返し、ワインをふりかける。
4. 湯をわかした鍋にのせて温めておいた皿に盛る。

\ 高温になるので
やけどに注意！ /

❸

マッシュポテトの作り方

材料　1人分

じゃがいも
　… 大1個（150g）
牛乳 … 50mℓ
バター … 10g
塩、こしょう … 各適量

1. じゃがいもは皮をむいて5mm厚さの輪切りにする。鍋にじゃがいもがひたるくらいの湯をわかし、やわらかくなるまでゆでる。
2. ①をざるでなめらかになるまで裏ごしする。
3. 鍋に戻し、牛乳を加えて中火にかけ、もったりとするまでへらで練る。
4. 火を止めてバターを加えて混ぜ、塩、こしょうで味をととのえる。

ホタテとまいたけの秋味グラタン

ホタテのうまみが
しみしみな
ごほうびグラタン

材料　　　　　　　　1人分

玉ねぎ … 1/4個

まいたけ … 1パック

バター … 1切れ

ホタテ貝柱水煮缶（粒状）… 1缶（60〜70g）

小麦粉 … 大さじ1

A｜牛乳 … 200㎖
　｜顆粒コンソメスープの素 … 小さじ1

マカロニ（早ゆでタイプ）
　… 適量

ピザ用チーズ … 適量

クリーミーな
ソースで、
おなかの中から
あったまる

作り方

❶ 玉ねぎは薄切りにする。まいたけは手で
食べやすい大きさにさく。

❷ フライパンにバターを入れて熱し、玉ねぎ
を炒める。まいたけとホタテ缶の汁を全量
加える。

❸ 小麦粉を加え、弱火で粉っぽさがなくなる
まで混ぜながら炒める。Aを加えて混ぜる。

❹ マカロニを加えて焦げないように注意し
ながら芯がなくなるまで煮る。

❺ グラタン皿に入れ、ホタテとチーズをのせ
る。予熱した魚焼きグリルに入れ、弱火で
チーズが溶けてこんがりとするまで焼く。

こってり
やわらか♪
手間が報われる
おいしさ

とろとろ 牛すじ煮込み

GOHOUBI GOHAN
2巻
#32

材料 大きめの器5杯分

牛すじブロック肉 … 400g

A | 水 … 700mℓ
　 | 酒 … 大さじ3
　 | みりん、砂糖 … 各大さじ2

しょうが（薄切り）、小ねぎ（小口切り）
　… 各適量

しょうゆ … 大さじ4

同じ方法で調味料抜きで作っておくと、カレーやパスタに使えて便利

作り方

1. 牛すじ肉はかたまりのままたっぷりの水とともに鍋に入れ、火にかける。沸騰したらそのまま10分ほどアクをすくいながらゆでる。

2. ゆで汁が澄んできたらボウルにとり出し、水で洗って小さめのひと口大に切る。

3. 鍋にA、2、しょうがを入れて火にかける。沸騰したら火を弱めてしょうゆを加える。

4. 落としぶたをして2時間ほど様子を見ながら弱火でやわらかくなるまで煮る。

5. 焦げないように途中、煮汁が少なくなったら熱湯を足す。器に盛り、小ねぎをちらす。

＼ 洗って肉の
アクをとり除く ／

2

4

野菜ゴロゴロ
おかずみたいな
スープ

ミネストローネ

GOHOUBI GOHAN　11巻　#231

材料　約4杯分

キャベツ … 4枚
にんじん … 1/2本
玉ねぎ … 1/2個
ウインナー … 1袋（5〜6本）
オリーブオイル … 適量
にんにく（みじん切り）… 1かけ分
ミックスビーンズ … 1袋（50g）
水 … 適量
顆粒コンソメスープの素 … 大さじ1
ローリエ … 1枚
トマト缶（カット）… 1缶（400g）

A | 塩、こしょう、トマトケチャップ
　 | …各少々

煮込みすぎると
苦味が出るので、
ローリエは完成後に
とり出して

作り方

1 キャベツとにんじんは1cm大のざく切り、玉ねぎは1cm大の角切り、ウインナーは輪切りにする。

2 鍋にオリーブオイルとにんにくを入れて熱し、香りが立ったらウインナーを加えて炒める。野菜を加えてしんなりするまで炒める。

3 ミックスビーンズを加え、具材がひたるくらいの水を入れる。

4 コンソメとローリエを加え、中火で10分ほど煮たらトマト缶を加える。

5 Aを加えて味をととのえ、弱火で20分ほど煮る。

COLUMN

森ヶ崎部長の
スイーツアレンジ

GOHOUBI GOHAN
13巻
#278

スイーツ好きの森ヶ崎部長が、
家で楽しめるミニレシピを紹介！

あずきバー赤飯

1 米1合、もち米2合をといで3合の目
盛りよりやや少ない水とともに炊飯
器の内釜に入れ、30分浸水させる。

2 あずきバー3本を棒から外して加え、
通常の炊飯モードで炊く。

3 軽く混ぜて器に盛り、ごま塩を適量
ふる。

どちらのレシピも
あずきバーは
65mlのものを
使うといいぞ

あずきバーぜんざい

1 あずきバー2本をスティックつきのま
ま耐熱容器に入れる。

2 電子レンジで2分加熱し、スティック
で軽くかき混ぜる。

市販のカツで簡単にさくふわ♪

ごはんもの 編

カツ丼

GOHOUBI GOHAN
2巻
#33

材料 2人分

トンカツ（市販品）… 2枚
玉ねぎ … 1/2個
卵 … 3個

A | 水 … 200㎖
しょうゆ … 大さじ2
みりん … 大さじ1
砂糖 … 大さじ1/2
顆粒和風だしの素 … 小さじ1

ごはん … どんぶり2杯分
三つ葉 … 適量

作り方

1 トンカツはトースターなどで温めて食べやすい大きさに切る。玉ねぎは薄切りにする。卵は溶きほぐす。

2 フライパンにAと玉ねぎを入れて火にかける。玉ねぎが煮えたらトンカツを加え、煮汁をかけて温める。

3 再び煮立ったら溶き卵をトンカツにかけるように回し入れ、ふたをして好みの固さまで煮る。

4 器にごはんを盛り、3をフライ返しでそっとすくってのせ、三つ葉をのせる。

トンカツ の作り方

材料 2人分

豚ロース肉
　（トンカツ用）… 2枚
塩、こしょう … 各適量
パン粉 … 適量
揚げ油 … 適量

バッター液
卵 … 1/2個分
小麦粉、水 … 各大さじ2
塩、こしょう … 各適量

1 豚肉は数ヶ所に包丁を入れてすじを切り、両面に塩、こしょうをふる。

2 バットにバッター液の材料を入れて混ぜ、豚肉をくぐらせてパン粉をまぶす。

3 170℃に熱した油に入れ、そのまま触らずに揚げ、パン粉がカリッとしたら返す。きつね色になり、泡が小さくなったらとり出す。

手間暇かけて
ひと晩寝かせた
ようなコクに

半日がかりの じっくりカレー

GOHOUBI GOHAN 9巻 #188

材料　約5皿分

豚肩ロース肉（ブロック）… 300g
玉ねぎ … 2個
にんじん … 1本
マッシュルーム … 5個
ヤングコーン … 8本
サラダ油 … 大さじ2
水 … 600mℓ
A｜赤ワイン … 100mℓ
　｜はちみつ、しょうゆ … 各小さじ1
カレールー（同じ辛さの2種類）
　… 計5皿分
ごはん … 適量
らっきょう（みじん切り）… 適量

赤ワイン、
はちみつ、しょうゆが
隠し味！

作り方

① 豚肉は10等分にする。玉ねぎは半分に切って薄切り、にんじんは乱切りにする。マッシュルームとヤングコーンは半分に切る。

② フライパンにサラダ油大さじ1をひいて弱火で熱し、玉ねぎを入れてふたをする。5分ほどたったらふたをとり、焦がさないように弱火であめ色になるまで40分ほど炒める。

③ 鍋にサラダ油大さじ1をひいて熱し、豚肉を入れて両面に焼き色がつくまで焼いてとり出す。

④ にんじん、マッシュルーム、ヤングコーンを入れてさっと炒め、豚肉を戻し入れる。水と②の玉ねぎを加え、Aを入れてひと煮立たちさせる。このときの水位を覚えておく。

⑤ 弱火にしてふたをし、さらに90分ほど煮込む。ときどき様子を見てアクをとり、水分が減っていたら④の水位まで水を足す。

⑥ 火を止め、カレールーを加えて溶かし、弱火でさらに10分煮込む。ごはんをよそった器に盛り、好みでらっきょうを添える。

香りがとばないように、ルーを入れたら煮込みすぎない

海南鶏飯
（ハイナンジーファン）

GOHOUBI GOHAN
11巻
#226

材料　　　　　　　　　2合分

鶏もも肉 … 1枚（200 〜 300g）
米 … 2合
塩鍋つゆ（ストレートタイプ）… 適量
しょうがチューブ … 3〜4cm分
小ねぎ（市販のカット済み）
　… 1パック（20 〜 30g）
パクチー（好みで、ざく切り）… 適量
スイートチリソース（市販品）… 適量

作り方

① 鶏肉はひと口大に切る。米はといでおく。

② 炊飯器の内釜に米を入れ、2合の目盛り
　まで鍋つゆを注ぐ。

③ しょうがを加えて混ぜ、小ねぎをちらす。
　鶏肉をのせて通常通りに炊く。

④ 炊き上がったらごはんをさっくりと混ぜて
　皿に盛り、好みでパクチーを添え、スイー
　トチリソースをかけて食べる。

炊飯器で手軽に
お店みたいな味が
できちゃう！

③

しっとり＆ジューシー
鶏のうまみが広がる

ほんのり
やさしい甘さに
癒やされる

とうもろこしごはん

GOHOUBI GOHAN
12巻 #243

材料 2合分

米…2合
とうもろこし…1本
塩…小さじ1
バター…10g

おにぎりにしても
おいしい!

作り方

1 米はといで炊飯器の内釜に入れ、2合の目盛りまで水を注いで30分ほど吸水させる。

2 とうもろこしは皮をむいてひげを取り、根元の軸を切り落して半分に切る。

3 ❶に塩を加えて軽く混ぜる。❷の実を切り落として内釜に入れる。残った実はスプーンでこそぎとって加え、芯をのせて通常通り炊く。

4 炊き上がったら芯をとり出してバターを加え、軽く全体を混ぜて5分ほど蒸らす。

蒲焼きに
ひと手間加えて
さらにおいしく！

錦糸卵のうな丼

GOHOUBI GOHAN
3巻
#50

材料　　　　　　　　1人分

うなぎの蒲焼き（市販品）… 1枚
酒 … 大さじ1
ごはん … 茶碗1杯分
うなぎのたれ（市販品）… 適量
きざみのり、錦糸卵、粉山椒 … 各適量

ひつまぶし風

うな茶漬け のアレンジ

器にごはんを盛り、細切りにしたうな
ぎをのせ、大葉や小ねぎをちらして
だし汁をかけ、わさびを添える。

作り方

1 うなぎの蒲焼きは水で洗い、キッチンペーパーで水気をふきとる。酒を全体にふりかけて半分に切る。

2 フライパンで両面を焼き、食べやすい大きさに切る。

3 器にごはんを盛り、うなぎのたれを半量かける。きざみのりと錦糸卵をしき、**2**をのせて残りのたれをかける。好みで山椒をふる。

参鶏湯

サムゲタン

GOHOUBI GOHAN
4巻
#78

風邪気味の体にも
うれしい
やさしいスープ

材料　　　　　　　　約2杯分

米…大さじ3

水…600㎖

顆粒鶏ガラスープの素…大さじ1

A　しょうがチューブ、にんにくチューブ
　　…各適量

鶏手羽先…4〜5本

酒…大さじ2

塩…少々

長ねぎ…1/4本

栗の甘露煮（市販品）…4〜5個

ごま油…適量

作り方

1. 炊飯器の内釜に洗った米、水、鶏ガラスープの素を入れて混ぜる。Aを加えてさらに混ぜる。

2. ❶に手羽先を加え、酒と塩を加えて軽く混ぜる。

3. ねぎをキッチンばさみで切り入れ、栗の甘露煮を加えて、炊飯器の普通炊きかおかゆコースで炊く。

4. 炊き上がったらごま油を回しかける。

70分以上炊き上がらない場合は、手動でスイッチを切ろう

しょうがの香りがアクセントに！

さんま缶の炊き込みごはん

2合分

米…2合
しめじ…1/2パック（50g）
にんじん…1/2本
A｜しょうゆ、みりん、酒…各大さじ1
　｜顆粒和風だしの素…小さじ1/2
　｜しょうがチューブ…4〜5cm分
さんまの蒲焼き缶…1缶（100g）
小ねぎ（小口切り）…適量

作り方

1 米はといでおく。しめじは石づきをとって小房に分ける。にんじんは細切りにする。

2 炊飯器の内釜に米とAを入れ、水を2合の目盛りまで入れて混ぜる。

3 さんま缶の汁を加えて全体を混ぜ、しめじとにんじんをのせる。

4 一番上にさんまの蒲焼きをのせて通常通り炊く。しゃもじでさんまの身をほぐして混ぜて器に盛り、小ねぎをちらす。

お好みで半熟煮卵や大葉をのせてもおいしい♪

54

ふっくら&カリカリ 2つの食感を食べ比べ

究極の二択 焼きおにぎり

GOHOUBI GOHAN
10巻
#198

材料　　　　4個分

ごはん … 茶碗2杯分
サラダ油 … 適量

先に味をつける場合

A｜しょうゆ … 大さじ1〜2
　　顆粒和風だしの素、みりん、
　　　ごま油 … 各小さじ1
　　白いりごま … 少々

焼いた後に味をつける場合

B｜めんつゆ、ごま油 … 各少々

作り方

先に味をつける場合

1️⃣ ボウルにAを入れて混ぜる。ごはんを加えて混ぜ、4等分にしておにぎりをきつめにむすぶ。

2️⃣ サラダ油を塗ったアルミホイルにのせ、魚焼きグリルで両面に焼き目がつくまで焼く。

焼いた後に味をつける場合

1️⃣ ごはんを4等分にし、おにぎりをむすぶ。

2️⃣ フライパンに薄くサラダ油をひいて熱し、❶を並べて表面がきつね色になるまで焼く。とり出してよく混ぜたBにさっとひたし、再び両面がこんがりとするまで焼く。

名作映画のスパゲティを再現！

麺類 編

ミートボール スパゲティ

GOHOUBI GOHAN 1巻 #10

材料 1人分

スパゲティ…100g
合いびき肉…150g

A | パン粉…大さじ2
　| 牛乳、粉チーズ…各大さじ1
　| 塩、こしょう…各少々

玉ねぎ…1/8個
オリーブオイル…大さじ3
にんにく（みじん切り）…1かけ分
トマト缶（カット）…1/2缶（200g）

市販の
ミートボールよりも
大きめに作ると
満足度アップ！

作り方

1. ボウルにひき肉とAを入れて混ぜ合わせ、6等分にして丸く成形する。玉ねぎはみじん切りにする。

2. フライパンにオリーブオイル大さじ1を熱し、❶を並べて焼く。焼き色がついたらときどき転がし、全面を焼いてとり出す。

3. 鍋に湯1Lをわかして塩小さじ2（分量外）を加え、スパゲティを袋の表示より1〜2分短くゆでる。ゆで汁は50㎖分とっておき、スパゲティはざるに上げる。

4. ❷のフライパンをさっとふき、オリーブオイル大さじ2とにんにくを入れて火にかける。香りが立ったら玉ねぎを入れて炒める。

5. 全体が透き通ったらトマト缶と❸のゆで汁を加える。

6. ❷のミートボールを戻し入れて全体を混ぜ、ふたをして2〜3分加熱する。❸のスパゲティを加え、全体を混ぜ合わせる。

じっくり煮からめる

シンプルな
パスタに
大葉を加えて
さわやかに

アスパラとベーコンのパスタ

GOHOUBI GOHAN
7巻
#140

材料　　　　　　　　　1人分

スパゲティ…100g
アスパラガス…1〜2本
ハーフベーコン…2枚
バター…10g
にんにく（みじん切り）…1〜2かけ分
しょうゆ…大さじ1
大葉（千切り）…5枚分
温泉卵…1個

作り方

1. アスパラガスは根元を切り落として斜め薄切りにする。ベーコンは短冊切りにする。

2. フライパンにバターとにんにくを入れて炒め、香りが立ったら①を加えてさらに炒める。

3. スパゲティを袋の表示時間通りにゆでる。②のフライパンにお玉1/2杯分のゆで汁とともに加えて混ぜ、しょうゆで味をととのえる。器に盛り、大葉と温泉卵をのせる。

黄身を
具材とパスタに
からめて食べると
たまらない〜

イタリアン＆和風2種のトマトつゆで楽しむ！

2種のトマトつゆそうめん

GOHOUBI GOHAN
12巻
#248

材料　　　　　　　2人分

そうめん（乾麺）… 200g

イタリアンテイストつゆ

A｜トマトジュース … 100mℓ
　｜白だし、オリーブオイル … 各大さじ1

こしょう、バジル（乾燥）… 各適量

さっぱり甘めの和風味

B｜めんつゆ（ストレート）… 100mℓ
　｜トマトジュース … 50mℓ

小ねぎ（小口切り）、白いりごま … 各適量

作り方

① そうめんは袋の表示時間通りにゆでる。ざるに上げ、流水で揉み洗いしてぬめりをとり、氷水でしめる。

イタリアンテイストつゆ

② Aを混ぜ合わせ、こしょうとバジルをちらす。

さっぱり甘めの和風味

② Bを混ぜ合わせ、小ねぎと白ごまをちらす。

トマトジュースで簡単！さっぱりしていて暑い夏にぴったり

揚げ焼きなすの
おろしそば

さっぱり＆
ジューシーで
夏にぴったり

GOHOUBI GOHAN
5巻
#101

材料　　　　　1人分

そば（乾麺）… 1束
なす … 2個
サラダ油 … 適量
みょうが … 1個
大葉 … 5枚
大根（すりおろす）… 適量
そばつゆ … 適量

トッピングは
野菜だけなのに、
揚げなすのおかげで
食べごたえ満点！

作り方

1 なすは縦半分に切り、皮に格子状の切り込みを入れる。薄めの塩水に5分ほどひたし、キッチンペーパーで水気をふく。

2 フライパンに多めのサラダ油をひき、なすを並べて揚げ焼きにする。

3 みょうがは根元を切り落として縦半分に切り、繊維にそって細めの千切りにする。大葉は茎をとり除いて半分に切り、2枚重ねてくるくると巻いて千切りにする。

4 鍋にたっぷりの湯をわかし、そばを入れて袋の表示時間通りにゆでる。冷水でしっかりしめて水気をきる。

5 器に盛って具材をのせ、そばつゆをたっぷりとかける。

＼ 塩水にさらして ／
アクを抜く

1

好きなものだけ
つめ込んだ
スペシャルうどん

えりすぐり鍋焼きうどん

材料 　1人分

うどん（冷凍）…1人分
長ねぎ…1本
まいたけ…1/4パック
ほうれん草…1〜2株
だし汁…適量
伊達巻き（市販品）…3切れ
卵…1個
エビの天ぷら（市販品）…1個

作り方

1. 長ねぎは斜め切りにし、まいたけは手で食べやすい大きさにさく。ほうれん草はゆでて食べやすい長さに切る。

2. 土鍋にだし汁を入れて煮立たせ、長ねぎ、まいたけ、伊達巻きを入れて煮る。

3. うどんを具材の下に入れ、卵を割り入れてふたをし、麺が好みの固さになるまで煮る。

4. 食べるときにエビの天ぷら、ほうれん草をのせる。

シメにごはんと豆乳を入れて雑炊にするのもおすすめ

PART

2

池田家の

ごはん

おばあちゃんのなつかしの味から、
みんなでわいわい食べたい大皿料理まで、
池田家自慢のおかずが勢ぞろい。
家族や友人とシェアして召し上がれ♪

材料	12個分

じゃがいも … 4個（450 〜 500g）
玉ねぎ … 1個
合いびき肉 … 200g
パン粉 … 適量
揚げ油 … 適量

| バッター液 |

卵 … 1個
小麦粉 … 大さじ4
水 … 大さじ2
塩、こしょう … 各適量

バッター液を
使えば
面倒な衣づけも
らくらく！

:: 作り方 ::

1. 鍋に皮つきのままよく洗ったじゃがいもと
たっぷりの水を入れて火にかけ、沸騰した
ら弱火にして20〜30分ゆでる。玉ねぎ
はみじん切りにする。

2. 竹串がすっと通るまでゆでたらキッチン
ペーパーで包んで皮をむく。ボウルに入れ
てマッシャーなどでつぶす。

3. フライパンにサラダ油大さじ1（分量外）を
熱し、ひき肉を入れて炒める。色が変わっ
たら玉ねぎを加えて炒める。

4. 3を2のボウルに加えて混ぜ、12等分に
して俵形に成形する。

5. バッター液の材料を混ぜ合わせる。4を
さっとくぐらせてパン粉をつける。

6. 180℃に熱した油に5を入れ、箸でいじり
すぎないように返しながら、きつね色にな
るまで3分ほど揚げる。

昔なつかしい
素朴な
ポテトコロッケ

愛情たっぷりの
やさしいコンソメ味

ロールキャベツ

材料 　　　　8個分

玉ねぎ … 1個
サラダ油 … 大さじ1
塩 … ふたつまみ
キャベツ … 8枚
A｜合いびき肉 … 300g
　｜卵 … 1個
　｜パン粉 … 大さじ3
　｜牛乳 … 大さじ1
　｜塩、こしょう … 各少々
小麦粉 … 適量
ハーフベーコン … 8枚
顆粒コンソメスープの素 … 大さじ1

作り方

1. フライパンにサラダ油を熱してみじん切りにした玉ねぎを入れ、塩をふって5分ほど炒める。ボウルにとり出して粗熱をとる。

2. 1のフライパンに湯をわかし、キャベツを1枚ずつゆで、ざるに広げて冷ます。芯の固い部分を包丁でとり除き、キッチンペーパーで水気をふく。ゆで汁はとっておく。

3. 1のボウルにAを加えてよく混ぜ、8等分にして俵形に成形する。

4. 2のキャベツを芯を手前にして広げ、小麦粉を茶こしで薄くふる。3をのせ、左右を折りたたむようにして巻く。上からベーコンを巻き、巻き終わりを爪楊枝でとめる。同様にして計8個作る。

5. 鍋に4を並べ、2のゆで汁800mℓとコンソメを入れ、落としぶたをして火にかける。煮立ったら弱火にして30分ほど煮る。

肉だねは
手前中央におく

5で鍋に
キャベツの芯や
余った葉をつめると
煮くずれしにくいよ

家族みんなで
食べたい
ごちそうおかず

郵便はがき

| 1 | 5 | 0 | - | 8 | 4 | 8 | 2 |

東京都渋谷区恵比寿4-4-9
えびす大黒ビル
ワニブックス書籍編集部

お手数ですが
切手を
お貼りください

───── **お買い求めいただいた本のタイトル** ─────

本書をお買い上げいただきまして、誠にありがとうございます。
本アンケートにお答えいただけたら幸いです。
ご返信いただいた方の中から、
抽選で毎月5名様に図書カード（500円分）をプレゼントします。

ご住所　〒	
TEL（　　-　　-　　）	
（ふりがな） お名前	年齢 歳
ご職業	性別 男・女・無回答

いただいたご感想を、新聞広告などに匿名で
使用してもよろしいですか？　（はい・いいえ）

※ご記入いただいた「個人情報」は、許可なく他の目的で使用することはありません。
※いただいたご感想は、一部内容を改変させていただく可能性があります。

●この本をどこでお知りになりましたか?(複数回答可)

1. 書店で実物を見て　　　　　2. 知人にすすめられて
3. SNSで (Twitter:　　　　Instagram:　　　その他　　　)
4. テレビで観た(番組名:　　　　　　　　　　　　　　　　)
5. 新聞広告(　　　　　　新聞)　6. その他(　　　　　　　　)

●購入された動機は何ですか?(複数回答可)

1. 著者にひかれた　　　　　　2. タイトルにひかれた
3. テーマに興味をもった　　　　4. 装丁・デザインにひかれた
5. その他(　　　　　　　　　　　　　　　　　　　　　　)

●この本で特に良かったページはありますか?

●最近気になる人や話題はありますか?

●この本についてのご意見・ご感想をお書きください。

以上となります。ご協力ありがとうございました。

山盛りエビフライ

GOHOUBI GOHAN
11巻
#234

材料 　　　　　　　18個分

エビ…18尾
パン粉…適量
揚げ油…適量

バッター液
卵…1個
小麦粉…大さじ4
水…大さじ2
塩、こしょう…各適量

❶

最近は
背わたのない
エビも多い

作り方

❶ エビは殻をむいてしっぽの先を少し切り、爪楊枝で背わたをとる。お腹側に数ヶ所切り込みを入れ、軽く身をひっぱって伸ばす。

❷ バッター液の材料を混ぜ合わせる。エビをくぐらせてパン粉をまぶす。

❸ 180℃に熱した油に入れ、きつね色になるまで揚げる。

タルタルソースの作り方

材料 　　　　　　　作りやすい分量

こってり定番 タルタルソース	ピクルス入りの タルタルソース
ゆで卵…2個	ゆで卵…2個
玉ねぎ…1/6個	玉ねぎ…1/6個
マヨネーズ…大さじ6	きゅうりのピクルス （5mm角に切る）…大さじ3
酢…大さじ1	マヨネーズ…大さじ6
砂糖…小さじ1	レモン汁…大さじ1
塩…少々	塩…少々

❶ ゆで卵は粗めのみじん切りにする。

❷ 玉ねぎは粗めのみじん切りにして塩をまぶし、5分ほどおいてしんなりしたら水気をしぼる。

❸ すべての材料を混ぜ合わせる。

しいたけの
ハイカラ焼き

和風のしいたけを
マヨ＆チーズで
洋風に！

材料 8個分

しいたけ…8個
酒…適量
しょうゆ…適量
マヨネーズ…適量
ピザ用チーズ…適量

《 作り方 》

1. しいたけは軸をとり除き、火が通りやすいようにカサに切り込みを入れる。

2. 裏返して酒をふりかけ、しょうゆをたらしてマヨネーズとチーズをのせる。

3. アルミホイルの上に並べ、予熱した魚焼きグリルでこんがりするまで焼く。

煮物のしいたけは
苦手だけど、
これはピザみたいで
食べやすい！

70

ほっくり
やさしい甘味が
たまらない

さつまいも
ごはん

GOHOUBI GOHAN
10巻
#213

材料	2合分

米 … 2合
さつまいも … 1本
A 酒 … 大さじ2
みりん、白だし … 各大さじ1
塩 … 小さじ1

仕上げは
黒ごま塩か、
ブラックペッパーで！

作り方

1 米はといで30分ほど水にひたしておく。

2 さつまいもはよく洗い、皮つきのままひと口大の角切りにして水にさらす。

3 米をざるに上げて水気をきり、炊飯器の内釜に入れてAを加える。

4 2合分の目盛りよりやや少なめの水を加えて軽く混ぜ、さつまいもをのせて通常通り炊く。

よだれ鶏

GOHOUBI GOHAN

13巻
#280

材料　　　　　　　　　　　1人分

鶏むね肉…1枚（200～300g）
塩…少々
水…100㎖

A｜ミックスナッツ（くだく）…大さじ1
　｜長ねぎ（みじん切り）…1/4本分
　｜にんにくチューブ、しょうがチューブ
　｜　…各2～3cm分
　｜しょうゆ、酢、砂糖、ラー油…各大さじ1

パクチー（または大葉）…適量
粉山椒…適量

───────────────────

作り方

① 鶏肉はフォークで表面を数ヶ所さし、塩を
ふる。

② 皮面を上にして耐熱皿にのせる。水をか
け、ふんわりとラップをして電子レンジで
3分加熱する。鶏肉を返して再びラップを
し、3分加熱して粗熱をとる。

③ ボウルにAを入れて混ぜ合わせる。

④ ②をそぎ切りにして皿に盛り、③のたれを
かけてパクチーを添え、粉山椒をふる。

ナッツを入れると
アクセントになって、
ワンランク
上の味に！

② そのままおいて粗熱をとる

目にもおいしい
5色のてんぷら
盛り合わせ

夏の定番 ぜいたくそうめん

GOHOUBI GOHAN
3巻
#53

材料   4人分

そうめん（乾麺）… 4束
にんじん … 1本
さつまいも … 1/2本
オクラ … 8本
なす … 2個
長芋 … 4cm
焼きのり（全形）… 1/2枚

天ぷら衣

卵 … 1個
冷水 … 200㎖
小麦粉（ふるう）… 130g

揚げ油 … 適量
めんつゆ（2〜3倍濃縮）… 適量

下準備

天ぷらの衣の材料とボウルは
すべて冷蔵庫で冷やしておく。

作り方

1. にんじんは5mm幅の細切りにする。さつまいもは皮つきのまま細切りにする。オクラはガクをむき、塩をこすりつけて産毛をとり除き、水で洗って爪楊枝で数ヶ所さす。

2. なすはヘタを落として縦半分に切り、上から2cmほどを残して縦に5mm幅の切り込みを入れ、扇状に広げる。長芋は8等分の短冊切りにし、8等分にした焼きのりを巻く。

3. 冷蔵庫で冷やしたボウルに卵を割り入れ、冷水を加えてよく混ぜる。小麦粉100gを3回に分けて加え、そのつど切るように混ぜる。

4. 12の具材に残りの小麦粉30gをまぶし、3の衣にくぐらせる。

5. 170℃に熱した油で揚げる。にんじんとさつまいもは箸でひとつかみして木べらにのせ、すべらせるように入れて揚げる。

6. 鍋に湯をわかし、そうめんを袋の表示時間通りにゆでる。ざるに上げてよく洗ってぬめりをとり、氷水をはった器に入れる。好みの薬味をのせ、めんつゆで食べる。

麺と天ぷらを一緒にひたして、天ざるっぽく食べるのが池田家流！

何度でも食べたい
シンプルな
しょうゆ味

おこげ焼きめし
withくずれ目玉焼き

GOHOUBI GOHAN
10巻
#216

材料	2人分

ごはん … 茶碗2杯分（400g）
野沢菜漬け … 60g
ちくわ … 2本
ハム … 2枚
ごま油 … 大さじ1
しょうゆ … 小さじ1
卵 … 2個

炊きたてのごはんや冷凍ごはんを温めて使うときは、広げて冷ましておくと炒めやすいよ

作り方

1 野沢菜漬けは1cm幅にきざむ。ちくわは5mm幅の小口切りに、ハムは細めの短冊切りにする。

2 フライパンにごま油を熱してごはんを広げ入れ、野沢菜漬け、ちくわ、ハムを加えて炒める。お玉の背で押しつけるようにしながら焼いてほぐし、おこげを作る。

3 しょうゆを回し入れ、全体にからめて皿に盛る。

4 フライパンをキッチンペーパーでふいてサラダ油大さじ1（分量外）を熱し、卵を割り入れる。黄身を軽くくずして半熟の目玉焼きを作り、**3**にのせる。

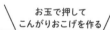

お玉で押して
こんがりおこげを作る

鶏と卵の
バルサミコ煮

GOHOUBI GOHAN
10巻
#217

お肉ホロホロ
味しみしみで
すっぱおいしい！

材料	8〜10本分

A｜酢、バルサミコ酢、しょうゆ、水
　…各100㎖
　砂糖…大さじ1
　しょうが（薄切り）、
　　にんにく（軽くつぶす）…各適量

鶏手羽元…8〜10本
ゆで卵…5個

作り方

① 鍋にAを入れて煮立たせる。

② 手羽元とゆで卵はキッチンペーパーで水気をふき、①の煮汁にひたす。落としぶたをするとより味がしみる。

③ ふたをして弱火〜中火で20分ほど煮込んで火を止める。そのままおいて味をなじませ、食べる前に温める。

残った煮汁は
煮卵のつけ汁と
しても使えるわ

②

おうちごはんをもっと楽しむ！

COLUMN

ホットサンド
メーカーレシピ

ホットサンド

材料｜2人分｜

食パン（8枚切り）… 2枚
キャベツ… 3枚
コンビーフ… 1/2缶
塩、こしょう、粒マスタード
…各適量
バター、ピザ用チーズ…各適量

1 キャベツは細切りにし、ごま油（分量外）を熱したフライパンで炒める。

2 コンビーフを加えて塩、こしょうをふり、マスタードを加えて混ぜる。

3 食パンにバターを塗り、バターを塗った面を鉄板側にしてのせる。

4 具材とチーズをのせ、ふたをして弱火でこんがりとするまで焼く。

4巻
#86

GOHOUBI GOHAN

おうちフライドチキン

材料｜5〜6本分｜

鶏手羽元… 5〜6本
味つき塩こしょう… 小さじ1

A ｜ にんにくチューブ、
　　しょうがチューブ
　　…各3〜4cm分

B ｜ 小麦粉… 大さじ3
　　オールスパイス
　　… 小さじ1/2
オリーブオイル… 大さじ1

13巻
#266

GOHOUBI GOHAN

1 手羽元をポリ袋に入れ、味つき塩こしょうをふって揉む。Aを加えてさらに揉む。

2 Bを加えてよく揉む。オリーブオイル大さじ1/2を加え、余った粉が衣になるようにまとめて10分ほど常温におく。

3 鉄板にオリーブオイル大さじ1/2をひき、2を並べる。ふたをして弱めの中火で両面を4分ずつ焼く。

4 仕上げに強めの中火で両面を1分ずつ焼く。

PART
3

滝さんの

包丁いらずの

簡単レシピ

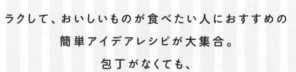

ラクして、おいしいものが食べたい人におすすめの
簡単アイデアレシピが大集合。
包丁がなくても、
キッチンばさみが1つあれば大丈夫◎

ハサミカルボ

GOHOUBI GOHAN
4巻
#74

材料　　　　　　　　1人分

スパゲティ… 100g
ハーフベーコン … 2枚
バター… 小さじ1
にんにくチューブ … 適量
コーン缶 … 1/2缶（約60 〜 80g）

A｜水 … 300㎖
　｜塩 … ひとつまみ

B｜牛乳 … 50㎖
　｜ピザ用チーズ … 30g
　｜顆粒コンソメスープの素 … 小さじ1

塩、こしょう … 各適量
溶き卵 … 1個分

作り方

1. ベーコンはキッチンばさみで短冊切りにする。

2. フライパンにバターを入れて熱し、にんにくを加えて香りが立ったらベーコンを加えて炒める。

3. コーンとAを加え、沸騰したらスパゲティを半分に折って加える。中火で1分ほど熱しながら混ぜ、火を止めてふたをし、袋の表示時間よりも1分短くおく。

4. ふたをとって麺をほぐし、強火で汁気がなくなるまで加熱する。Bを加えて塩、こしょうで味をととのえる。

5. 火を止めて溶き卵を加え、手早く混ぜる。仕上げにこしょうをふる。

いり卵にならないように手早く混ぜる

料理はロック！
分量はだいたいの
ノリで大丈夫っす

ピーマン嫌いが無限に食べたくなる!?

無限ピーマン

材料　　　　　　　2人分

ピーマン … 1袋(4〜5個)
ツナ缶 … 1缶(70g)
A｜ごま油 … 大さじ1
　｜顆粒鶏ガラスープの素 … 小さじ1
　｜塩、こしょう … 各適量

作り方

1. ピーマンはキッチンばさみで縦に細切りにし、耐熱ボウルに入れる。

2. 軽く油をきったツナを加え、Aを加えて全体を混ぜる。

3. ラップをして電子レンジで3分加熱する。

オイスターソースやラー油、七味、かつお節などアレンジも無限大!

84

れんこんチップス

GOHOUBI GOHAN
7巻
#142

おやつにも
おつまみにも！

材料 作りやすい分量

れんこん … 1 節
昆布茶、青のり … 各適量

作り方

1. れんこんはピーラーで皮をむき、スライサーで薄切りにする。キッチンペーパーで水気をふく。

2. クッキングシートを広げて重ならないように並べ、電子レンジで 3 〜 4 分加熱する。温かいうちに昆布茶と青のりをまぶす。

揚げてないのに
パリパリしていて、
手が止まらない

節約中でもお腹と心が満たされる〜

なんちゃって明太子パスタ

材料　　1人分

スパゲティ…100g

A｜マヨネーズ…大さじ2
　｜昆布茶…小さじ2
　｜豆板醤…小さじ1

きざみのり…適量

作り方

1 スパゲティは袋の表示時間通りにゆでる。

2 ボウルにAを入れてよく混ぜる。

3 ❶を加えてよくあえる。仕上げにきざみのりをたっぷりちらす。

レンチンでパスタをゆでられる容器を使えばもっと簡単っす

大根もちパンケーキ

GOHOUBI GOHAN 12巻 #262

おもちみたいな
もちもち食感が
くせになる

材料　2〜3人分

大根…1/3本

ハーフベーコン…1枚

A｜卵（溶きほぐす）…1個分
　｜片栗粉…100g
　｜ポン酢…大さじ2
　｜小ねぎ（市販のカット済み）
　｜…1パック（20〜30g）

サラダ油…適量

作り方

1. 大根は洗って皮ごとすりおろし、水気をよくきる。しぼり汁は100mℓほどとっておく。ベーコンはキッチンばさみで短冊切りにする。

2. ボウルにすりおろした大根としぼり汁、ベーコン、Aを入れて混ぜ、小さめの円形に成形する。

3. フライパンにサラダ油をひき、2を並べて弱火〜中火で3分30秒ほど焼く。上下を返して押しつけながら両面をこんがり焼く。残りも同様に焼いて皿に盛り、ポン酢（分量外）をかけて食べる。

目を閉じると想像以上のホタテ感！

エリンギホタテ

GOHOUBI GOHAN
9巻
#175

| 材料 | 2人分 |

材料　　　　　　　2人分

エリンギ … 1パック（2〜3本）
バター … 10g
にんにくチューブ … 3〜4cm分
しょうゆ … 小さじ2
みりん … 小さじ1

作り方

1. エリンギは厚めの輪切りにし、両面にキッチンばさみで格子状の切り込みを入れる。

2. フライパンを熱してバターを溶かし、にんにくを加えて香りを出す。エリンギを並べて両面を焼く。

3. しょうゆとみりんを加えて煮からめ、こんがりするまで焼く。

厚切りにすると、貝柱のぷりぷり感が演出できる！

豚バラと甘じょっぱいたれが意外な相性

みたらし団子の豚バラ焼き

GOHOUBI GOHAN
11巻
#237

材料　5本分

みたらし団子（市販品）… 5本
豚バラ薄切り肉（しゃぶしゃぶ用）… 180g
塩、こしょう … 各適量
サラダ油 … 適量

作り方

1. みたらし団子に豚肉を巻きつけ、塩、こしょうをしっかりとふる。

2. 熱したフライパンにサラダ油をひき、❶を並べて弱火〜中火でときどき返しながらこんがりとするまで焼く。肉が重なった部分に火が通りにくい場合は、ふたをして蒸し焼きにする。

もちもち＆トロトロの食感がくせになる〜

森ヶ崎部長の
スイーツアレンジ

- - - - - - -
- - - - -

GOHOUBI GOHAN

13巻
#272

スイーツ好きの森ヶ崎部長が、
家で楽しめるミニレシピを紹介！

(アイスティー)

1 水2Lを鍋に入れて沸騰させる。

2 火を止めてティーバッグ4袋を
そっと入れ、ふたをして21分おく。

3 ティーバッグをとり出して粗熱を
とり、容器に移して冷蔵庫でひと
晩おく。

氷の代わりに
冷凍のカット
マンゴーを入れたら、
南国を感じる
トロピカル風味に

(2色のフルーツティー)

1 グラスに氷とグレープフルーツ
ジュースを入れ、上からそっと
アイスティーを注ぐ。

お好みで
シロップを
入れるのもいい！

PART
4

青柳主任の
家飲み
おつまみ

さっと作ってすぐに飲める簡単おつまみから、
ひと手間かけた肉料理まで、
お酒がすすむレシピをご紹介。
今晩のおつまみは何にする？

おつまみ野菜
バーニャカウダソース添え

にんにくと
アンチョビの
香りに
お酒がすすむ

材料　約2人分

アンチョビ（フィレ）… 6枚
にんにく… 2かけ
オリーブオイル … 大さじ2
生クリーム … 200㎖
好みの野菜（ゆでアスパラガス、
　キャベツ、ミニトマト、
　ゆでブロッコリーなど）… 適量

作り方

① アンチョビとにんにくはみじん切りにする。

② 小鍋にオリーブオイルを入れて中火で熱し、にんにくを加えて3分ほど炒める。

③ アンチョビと生クリームを加えて混ぜ、ぐつぐつ煮立たせる。好みの野菜につけて食べる。

ちょっとした
ひと手間で
野菜がごちそうに
早変わり！

いぶりがっこと
クリームチーズの
意外なハーモニー

いぶりがっこ クラッカー

GOHOUBI GOHAN
4巻
#75

材料　　　　　1人分

いぶりがっこ … 適量
クラッカー … 適量
クリームチーズ、はちみつ、
　オリーブオイル … 各適量

作り方

❶ いぶりがっこは薄くスライスする。

❷ クラッカーにクリームチーズを塗って❶を
　のせ、半分にはちみつ、残りにオリーブオ
　イルをかける。

甘じょっぱい
はちみつとコクのある
オリーブオイル、
2つの味を楽しんで

いつもの
おつまみを
ちょっと
贅沢に！

ローズマリー オーブンポテト

GOHOUBI GOHAN
11巻
#224

材料　　　　2人分

じゃがいも … 3個
オリーブオイル … 適量
ローズマリー（乾燥）… 適量
塩、こしょう … 各適量

油で
揚げてないから
ヘルシーよ

作り方

1. じゃがいもは皮つきのままよく洗ってキッチンペーパーで水気をふき、くし形切りにする。

2. ❶をボウルに入れ、オリーブオイルをかけ、ローズマリーをまぶす。

3. クッキングシートを敷いた天板に並べ、250℃に予熱したオーブンで15〜20分焼く。表面にしわが寄り焦げ目がついたら、とり出して塩、こしょうをふる。

桃の甘酸っぱさをクリーミーなチーズが引き立てる

桃とモッツァレラのサラダ

材料　　　2人分

桃 … 1個（または小2個）
モッツァレラチーズ … 100g
レモンの皮 … 適量
オリーブオイル … 適量
塩、こしょう … 各適量

A｜りんご酢 … 大さじ2
　｜白ワイン … 小さじ1

作り方

① 桃は皮をむいてくし形切りにする。モッツァレラチーズは味がなじみやすいように手でちぎる。レモンの皮は千切りにする。

② 桃とモッツァレラチーズを皿に盛りつけてオリーブオイルを回しかけ、レモンの皮をちらして塩、こしょうをふる。仕上げによく混ぜたAをかける。

オイルと酢であえることで、桃だけで食べるよりも濃厚に感じられるわ

たこのカルパッチョ

GOHOUBI GOHAN
8巻
#154

材料 　　　1人分

A | オリーブオイル … 大さじ2
　 | レモン汁 … 小さじ1
　 | にんにくチューブ … 4〜5cm分
　 | 塩 … 少々

たこ（刺し身）… 50g
ドライパセリ、こしょう … 各適量

作り方

1. Aはよく混ぜておく。

2. 皿にたこを並べて①を回しかける。

3. 冷蔵庫で10分ほど冷やし、ドライパセリとこしょうをちらす。

たこを白身の刺し身に替えてもおいしいわよ

96

揚げたての
ふわふわ＆
さくさくを
味わって

アジフライ

GOHOUBI GOHAN
5巻
#93

材料　2枚分

アジ（開いたもの）…2枚
塩、こしょう…各適量
小麦粉、パン粉…各適量
溶き卵…適量
揚げ油…適量
キャベツ（千切り）…適量

作り方

1. アジは表面に塩、こしょうをふって小麦粉をまぶす。

2. 溶き卵にくぐらせ、両面にパン粉をかけてなじませる。

3. 170℃に熱した油で両面がきつね色になるまで揚げる。

4. 皿に盛り、キャベツを添える。

ビールはもちろん、
レモンサワー
にも合うわよ

バターしょうゆの
コクがあとをひく

玉ねぎの丸ごと蒸し

GOHOUBI GOHAN
11巻
#236

材料　1人分

玉ねぎ…1個
バター…1かけ
しょうゆ…適量
パセリ…適量

作り方

1. 玉ねぎは上下を切り落して皮をむき、根の部分を上にして十字の切り込みを入れる。

2. 深めの器においてバターをのせ、ふんわりとラップをして電子レンジで4〜5分加熱する。

3. 竹串がすっと通るようになったらとり出して器に盛り、しょうゆをひとまわしかけてきざんだパセリを散らす。

みずみずしくて
甘い新玉ねぎが
おすすめよ

淡白なかぶが
しっかり味の
おつまみに
変身!

かぶのしそふりかけあえ

GOHOUBI GOHAN
11巻
#236

材料	1〜2人分

かぶ…2個
赤しそふりかけ…小さじ1
ごま油…適量

作り方

1. かぶは葉を落として皮をむき、8等分のくし形切りにしてポリ袋へ入れる。

2. 赤しそふりかけを加えて軽く揉み、10分ほどおいてなじませる。食べるときにごま油をかける。

しその紫が
しみ込んで
彩りもきれい!

放って
おくだけの
簡単おつまみ

自家製鶏ハム

GOHOUBI GOHAN
9巻
#180

材料　　2〜3人分

鶏むね肉…1枚（300g）
砂糖…小さじ2
塩…小さじ1
こしょう…適量

パサつきがちな
鶏むね肉も
しっとりやわらかに！

作り方

1. 鶏肉は皮をとり除いて観音開きにし、厚さを均一にする。両面に砂糖、塩の順にすり込み、ラップで包んで冷蔵庫に2時間ほどおく。

2. ❶を水で洗い流してキッチンペーパーで水気をふき、片面にこしょうをふる。

3. こしょうをふった面が内側になるようにきつく巻き、ラップでぴったりと包んで両端を結ぶ。上からさらにラップを巻いて両端を輪ゴムでとめる。

4. 保温性の高い鍋にたっぷりの湯をわかして❸を入れ、30秒ほどしたら火を止める。ふたをしてそのまま湯が完全に冷めるまでおく。

＼ 厚みを均一にして ／
＼ 火が通りやすくする ／

❶

❸

スペアリブの
コーラ煮

GOHOUBI GOHAN
12巻
#263

材料　　　　　　　　2〜3人分

豚スペアリブ … 500g
塩、こしょう … 各適量
オリーブオイル … 適量
コーラ … 500ml
A｜しょうゆ … 大さじ3
　｜酒 … 大さじ2
　｜みりん … 大さじ1
水溶き片栗粉（片栗粉：水＝2：1）
　… 大さじ2

コーラの甘みと
カラメル風味が
きいた甘辛味

作り方

1. スペアリブはフォークで数ヶ所さし、塩、こしょうをすり込む。

2. 鍋にオリーブオイルをひいて熱し、❶を入れて表面にこんがり焼き色をつける。

3. キッチンペーパーで余分な油をふき、コーラを加える。煮立ったらアクをとってAを入れ、落としぶたをして弱火〜中火で30分ほど煮る。

4. 水溶き片栗粉を回し入れ、とろみがついたら火を止める。

炭酸でお肉が
やわらか＆ジューシー。
ビールに合わない
わけがない！

❶

さわやかな柚子の香りがアクセント

おいなりさん

GOHOUBI GOHAN
7巻
#130

材料

10個分

油揚げ … 5枚
A | 砂糖、みりん、しょうゆ … 各大さじ3
　　| 酒 … 大さじ1
　　| 水 … 100mℓ
米 … 1と1/2合
すし酢 … 大さじ3
柚子 … 適量
白いりごま … 適量

作り方

① 油揚げは斜め半分に切って三角形にする。湯をわかした鍋に1分ほど入れて油抜きをする。

② 別の鍋にAを入れて熱し、ぐつぐつしたら①を重ならないように少しずつずらして入れる。落としぶたをして弱火〜中火で煮汁がほぼなくなるまで煮つめる。火からおろして1日おく。

③ 少し固めに炊いた米をボウルに入れ、すし酢をしゃもじにつたわせて回し入れる。切るように混ぜ、うちわであおいで水分をとばして冷ます。

④ 千切りにした柚子の皮と果汁、白ごまを加えて混ぜ、10等分にして俵形に握る。

⑤ ②の油揚げを軽くしぼって開き、④を入れる。上の皮を下に、下の皮を上にしてくるむ。

ごまと柚子の皮の食感が楽しい!

5

ふわふわ食感と
甘めのたれが
相性抜群

月見鶏つくね

GOHOUBI GOHAN
6巻
#112

材料　　　　　　　　　　　14個分

A | 鶏ひき肉…200g
　 | 豆腐（絹または木綿）…1/3丁（約100g）
　 | 長ねぎ…1/2本
　 | 大葉…10枚
　 | 卵白…1個分
　 | パン粉…大さじ5
　 | 顆粒鶏ガラスープの素…小さじ1
　 | 塩、こしょう…各適量

サラダ油…適量

B | みりん…大さじ3
　 | しょうゆ、酒…各大さじ2
　 | 砂糖…大さじ1

卵黄…1個分

作り方

1. 豆腐は水きりしておく。長ねぎと大葉はみじん切りにする。

2. ボウルにAを入れて練り混ぜる。生地がゆるければパン粉を足し、14等分にして丸く成形する。

3. フライパンにサラダ油をひいて熱し、2を並べて全面に焼き色がつくまで焼く。

4. キッチンペーパーで余分な油をふき、混ぜ合わせたBを回し入れて転がしながら煮つめる。

5. 照りがついたら串にさし、卵黄を添える。

意外と赤ワインをあわせてもおいしいわよ

炊き込み
鶏ビールごはん

香ばしい香りが
食欲をそそる

材料　　　　　　　　　　　2合分

米…2合
鶏もも肉…約30g
枝豆…約30g
缶ビール、黒缶ビール…各1本(350ml)
塩、顆粒和風だしの素…各小さじ1

作り方

1. 米はといでおく。鶏肉はひと口大に切る。枝豆はさやから出す。

2. 炊飯器の内釜に米を入れ、缶ビールと黒缶ビールを半量ずつ加える。塩、和風だしの素を加えて混ぜる。

3. 鶏肉と枝豆を加えて通常通りに炊く。

具材は
桜えびと銀杏でも
おいしいかも

③

5

本田くん・
太陽・丸藤さんの
男メシ

早い・簡単・おいしい！
3人の男性キャラクターたちのお手軽レシピをご紹介。
炊飯器や市販品を使ったレシピばかりで、
初心者にもおすすめです。

炊飯器で簡単・大量・大胆に！

漢（おとこ）のチャーハン

材料　2合分

米…2合
玉ねぎ…1/4個
ウインナー…1袋（4〜5本）

A｜顆粒中華スープの素…大さじ1
　｜しょうゆ…大さじ1
　｜ごま油…大さじ1
　｜しょうがチューブ…3〜4cm分

溶き卵…2個分
小ねぎ（小口切り）…適量

小ねぎをグリーンピースに、ウインナーを角切りチャーシューに替えてもうまい！

作り方

1. 米はといでざるに上げておく。玉ねぎはみじん切り、ウインナーは輪切りにする。

2. 炊飯器に米と玉ねぎを入れ、Aを加える。2合の目盛りよりも少なめに水を入れて軽く混ぜ、ウインナーを加えて通常通り炊く。

3. 炊き上がったらすぐに溶き卵を回し入れ、ふたを閉めて6分ほどおく。

4. 電源を切って軽く混ぜ、小ねぎを加えてしばらく蒸らす。

甘口で子どもも食べやすい！

ハヤシライス

材料　　　　　　　　　4〜5人分

バター… 20g
牛薄切り肉… 300g
玉ねぎ（薄切り）… 1個
マッシュルーム… 1パック

A｜デミグラスソース缶… 1缶（300g）
　｜水… 200㎖
　｜トマトジュース… 1缶（200㎖）
　｜トマトケチャップ、ソース… 各大さじ1
　｜顆粒コンソメスープの素… 小さじ1
　｜しょうゆ… 小さじ1

B｜砂糖、塩、こしょう… 各適量

ごはん… 好きな量

作り方

1. 鍋を中火にかけ、バターを入れて溶かす。食べやすく切った牛肉と玉ねぎ、マッシュルームを加えて炒める。

2. Aを加えて煮立ったら弱火にし、ふたをずらして15分ほど煮込む。

3. Bを加えて味をととのえ、器にごはんと盛りつける。

あればローリエを1枚入れると本格派に

冷製肉なし担々麺

夜遅くても安心！
罪悪感ゼロの
ヘルシー麺

材料　　　　　1人分

こんにゃく麺（またはそうめん）…1人分

A｜豆乳…100㎖
　｜めんつゆ（2〜3倍濃縮）
　｜　…大さじ2〜3
　｜食べるラー油…適量（好みで）

小ねぎ（小口切り）…適量

：作り方：

1. Aを器に入れてよく混ぜる。

2. 水気をきった麺を①の器に加えて混ぜ、小ねぎを散らす。

豆乳とめんつゆを混ぜて温めて、ホットにしてもおいしい！

簡単お好み茶碗蒸し

GOHOUBI GOHAN
6巻
#125

プルプル＆ほっかほかで温まる

材料　　1人分

カニカマ、鶏もも肉 … 各適量
卵 … 1個
水 … 100㎖
めんつゆ（2〜3倍濃縮）… 大さじ1
三つ葉（フリーズドライ）… 適量

作り方

1 カニカマと鶏肉は小さめに切る。

2 大きめのマグカップに卵を割り入れ、泡立たないように溶きほぐす。

3 水とめんつゆを加えて混ぜ、❶を加える。

4 三つ葉をちらしてふんわりとラップをし、電子レンジで1分30秒加熱する。やわらかすぎる場合は30秒ずつ追加で加熱し、表面に透明の汁が出てきたらとり出す。

好きな具材を入れてアレンジしても楽しいなぁ

こってり味と大葉の清涼感がマッチ！

鮭フレークやわさびなどアレンジ自在♪

12巻 #252

アボカドキムチ

13巻 #269

豆腐茶漬け

材料 　　　　　　　　　2人分

アボカド…1個
白菜キムチ…100g
A｜ごま油…小さじ1
　｜めんつゆ（2〜3倍濃縮）…少々
大葉…5枚

作り方

1. アボカドは半分に切って種をとり除く。くし形に切って皮をむき、ひと口大に切る。

2. ボウルにアボカドとキムチを入れ、Aを加えてあえる。大葉をちぎって加え、混ぜ合わせる。

材料 　　　　　　　　　1人分

豆腐（絹）…小1丁（150g）
お茶漬けの素（市販品）…1袋
湯…適量

作り方

1. 豆腐を深めの耐熱皿に入れ、ラップをせずに電子レンジで1分〜1分30秒加熱する。

2. お茶漬けの素をかけて湯を注ぐ。

食べすぎ注意!? バターしみしみドーナツ

揚げバター

甘じょっぱさがクセになる

雪見だいふくチーズトースト

材料　　　　　　　　　　4本分

バター…100g

A｜ホットケーキミックス…100g
　｜牛乳…80mℓ
　｜はちみつ…大さじ1/2
　｜シナモンパウダー…小さじ1/4

揚げ油…適量

作り方

1 バターは1.5cm厚さの4等分にして竹串にさし、冷凍庫で凍らせる。竹串は揚げ鍋に入る長さに切る。

2 ボウルにAを入れてよく混ぜる。1をくぐらせて全体にしっかり衣をつける。

3 180℃に熱した油に2を入れて揚げる。表面がふくらんで固まったら返し、きつね色になるまで揚げる。

材料　　　　　　　　　　1枚分

食パン（6枚切り）…1枚
スライスチーズ…1枚
雪見だいふく（市販品）…1個（1/2パック）

作り方

1 食パンにチーズをのせ、上に雪見だいふくをのせる。

2 トースターでパンにうっすら焦げ目がつくまで焼く。

夏バテに
ゴーヤの苦みが
ガツンときく！

ゴーヤ チャンプルー

GOHOUBI GOHAN 8巻 #152

材料　　　　　3～4人分

ゴーヤ…1本
砂糖…小さじ2
塩…小さじ1/2
厚揚げ豆腐…小1枚（140g）
豚バラ薄切り肉…150g
サラダ油、ごま油…各適量
A｜酒、オイスターソース…各大さじ1
　｜しょうゆ…大さじ1と1/2
　｜顆粒和風だしの素…小さじ1
溶き卵…2個分

> ゴーヤの苦みを
> おさえて食感を残すには、
> 2～3mm厚さがベスト

作り方

1 ゴーヤは縦半分に切り、スプーンで種をこそぎとる。2～3mm厚さの薄切りにし、砂糖と塩をふって揉んで5分ほどおく。

2 厚揚げは縦半分に切り、1cm厚さに切る。豚肉は4cm幅に切る。

3 フライパンにサラダ油をひいて熱し、厚揚げを入れて両面に焼き色がつくまで炒め、皿にとり出す。

4 **3**のフライパンにごま油をひき、ゴーヤを加えて炒める。表面が透き通ってきたら皿にとり出す。

5 豚肉に塩、こしょう（ともに分量外）をふって**4**のフライパンで焼く。厚揚げとゴーヤを戻し入れ、よく混ぜたAを全体にかけて味をなじませる。

6 溶き卵を流し入れ、10秒ほどおいてひと混ぜする。

> 砂糖と塩で揉んで
> 苦みをおさえる

❶

❹

COLUMN
たこ焼き器レシピ
おうちごはんをもっと楽しむ！

ねぎタン塩

13巻 #287
GOHOUBI GOHAN

材料 | 1～2人分 |

牛タン（薄切り）…1パック（130g）
長ねぎ…1本

A | ごま油…大さじ2
顆粒鶏ガラスープの素…小さじ1/2
塩、こしょう…各適量

塩、こしょう…各適量
サラダ油…適量

1 牛タンは20～30分前に冷蔵庫から出して常温に戻しておく。

2 長ねぎはみじん切りにしてボウルに入れ、Aを加えてよく混ぜて「ねぎ塩」を作る。

3 牛タンに塩、こしょうをふって油をひいたたこ焼き器で焼き、ねぎ塩をのせて食べる。

ひとくちアヒージョ

4巻 #79
GOHOUBI GOHAN

材料 | 好みの分量 |

A | にんにく（みじん切り）…適量
鷹の爪（輪切り）…適量
塩…適量

オリーブオイル…適量
好みの具材（エビ、たこ、ホタテ、マッシュルーム、トマトなど）…適量

1 ボウルにAを入れ、たっぷりのオリーブオイルをかけて混ぜる。

2 1をたこ焼き器の7分目まで流し入れて熱し、ぐつぐつしたら好みの具材を入れて煮る。魚介類は油がはねやすいので水気をしっかりふきとっておく。

3種たこ焼き

たこ焼き生地

材料 |約24個分|

卵…1個
冷水…350㎖

A | 山芋パウダー…5g
顆粒和風だしの素…小さじ1
小麦粉…100g

1 ボウルに卵を割り入れて溶き、冷水を半量加えて混ぜる。

2 Aを順に加えて混ぜ、残りの冷水を加えて混ぜる。

ベーシック

材料 |約12個分|

ゆでたこ（先端を切り落とし
　1.5cm角に切る）…1/2足（50g）
小ねぎ（小口切り）…2～3本分
天かす…大さじ3
紅しょうが（みじん切り）…大さじ1
[**トッピング**] ソース、マヨネーズ、
　かつお節、青のり…各適量

1 たこ焼き器に薄く油をひき、生地を穴の半分まで入れる。具材を加え、生地を軽くあふれるくらいまで流し入れる。

2 ふちが固まったら竹串であふれた生地を切ってひっくり返し、表面がきつね色になるまでくるくる回しながら焼く。トッピングをかけて食べる。

ピザ風

材料 |約24個分|

コーン（ホール）
　…大さじ3
ハーフベーコン（細切り）…1枚
ピザ用チーズ…20g
[**トッピング**]
　ピザソース…適量

ベビーカステラ風

材料 |約24個分|

A | ホットケーキミックス…150g
牛乳…100㎖
卵…1個
はちみつ…大さじ1
[**トッピング**] はちみつ、
　メープルシロップ…各適量

1 たこ焼き器に薄くバター（分量外）を塗り、よく混ぜたAを流し入れる。

2 少しふくらんできたらひっくり返し、固まったらくるくる回しながら色よく焼く。トッピングをかけて食べる。

今回ごほうびごはんの公式レシピ本が
発売されることになり、
とてもうれしく思っています。

作ってみて気に入った料理は、
ふとまた食べたくなるときがあるのですが
「あのレシピは何巻の何話目だったかな?」と、
作者の自分でもすぐ見つけられなかったり
することがあります。

そんなときにこちらの公式レシピ本!

食べたかったごほうびごはんがすぐに見つけられる！

本をめくると自然とキャラクターたちの
エピソードも思い出され、
「おいしそう！」と「なつかしい！」を
いっぺんに味わえました。

さあ、今週はどんな
ごほうびごはんにしましょうか？
咲子たちと一緒に
見つけてくださるとうれしいです！

こもとも子

STAFF

レシピ考案・調理・スタイリング————井上裕美子（エーツー）

調理補助————————————堀金里沙（エーツー）

撮影————————————————長谷川梓

デザイン——名和田耕平・尾山紗希（名和田耕平デザイン事務所）

校正————————————東京出版サービスセンター

企画協力————————————————こもとも子

株式会社 芳文社

編集——————————青柳有紀・長島恵理（ワニブックス）

2021年10月31日 初版発行

発行者
横内正昭

発行所
株式会社ワニブックス
〒150-8482 東京都渋谷区恵比寿4-4-9 えびす大黒ビル
電話 03-5449-2711（代表） 03-5449-2716（編集部）
ワニブックスHP http://www.wani.co.jp/
WANI BOOKOUT http://www.wanibookout.com/

印刷所
凸版印刷株式会社

DTP
株式会社明昌堂

製本所
ナショナル製本